Eigenwillige Eigenheime

Turit Fröbe

Eigenwillige Eigenheime

Die Bausünden der anderen

DUMONT

Niemand baut sich selbst eine Bausünde – das machen natürlich immer nur die anderen! Und die sehen das zum Glück genauso. Auf diese Weise ist vor dem hämischen Urteil »Bausünde« letztlich kaum jemand gefeit, der sein Eigenheim in die Welt stellt und nicht gerade von haushohen Hecken umgibt. Tröstlich ist, dass sich immer und überall etwas finden wird, über das man sich selbst gestalterisch-ästhetisch erheben kann. In Summe betrachtet ist demnach am Ende alles irgendwie hässlich (auch das Haus mit den hohen Hecken, denn irgendeinen Grund muss es ja geben, weshalb es so sorgfältig verborgen wird) oder – positiv betrachtet – alles irgendwie auch schön! **Die Bausünden der anderen** sind aber auch Ansporn, Herausforderung und Motor. Sie erfordern Antworten und setzen Kreativität frei, sodass nicht nur ein Weiterleben, sondern auch eine permanente Weiterentwicklung des Topos Bausünde garantiert ist.

Für alle Eigenheimbesitzer, die mit ihren liebenswürdigen, fantasievollen Gestaltungen dafür sorgen, dass das Flanieren in den Siedlungen unserer Städte so wunderbar abwechslungsreich und inspirierend ist. Wie langweilig wäre es, wenn niemand den Mut hätte, aus der Reihe zu tanzen, und alle in uniformen Häusern mit den immer gleichen Vorgärten, Zäunen und Garagen leben würden!

Inhalt

Vorwort 8
Das 1×1 der Bausünde 10

Die Bausünden unserer Innenstädte: Ein Lagebericht 12

Streetart vom Stadtrand: Schöner Wohnen in Bausünden 28

    Eigenheime mit Botschaft 44
    Der Bruch mit den Erwartungen 56
    Bausünden von der Stange 76

Neue Tendenzen und Gestaltungstrends: Alles andere als Fassade! 88

    Vorgärten 96
    Garagen 128
    Mauern und Zäune 136
    Fototapeten 146

Tipps für Bauherren 157

Vorwort

Klassische Bausünden, die für allgemeine Empörung sorgen, haben in unseren Innenstädten derzeit einen schweren Stand. Sie fallen der Abrissbirne zum Opfer oder werden hinter Spiegelglas versteckt. Und nicht nur das – es wachsen auch immer weniger Bausünden nach. Zu groß ist das Trauma, das die Zerstörungen des Zweiten Weltkriegs und der Nachkriegsstädtebau mit seiner autogerechten Planung und den großen Kaufhaus-Stadtbausteinen, die die kleinteiligen historischen Gefüge zerstörten, hinterlassen haben. »Bloß nicht anecken« lautet die Devise landauf, landab. Möglichst auf unsichtbar oder Pseudohistorisches setzen, wenn es schon nicht möglich ist, Verlorenes überall großflächig zu rekonstruieren. Wie erfreulich ist es da, dass das Potenzial der Bausünde in den Randzonen unserer Städte weiterhin erkannt, geschätzt und in Ehre gehalten wird und dort für bessere Zeiten überdauern kann! Während die Bausünden in den Innenstädten den allgemeinen Volkszorn auf sich ziehen und durch langweilige, banale Investorenarchitekturen ersetzt werden, erfreuen sie sich in den Einfamilienhausgebieten ungebrochener Beliebtheit. Alles, was möglich ist, ist erlaubt und findet Nachahmer, bietet Anregung und setzt wiederum Ideen frei, die andere zu kreativen Höchstleistungen anspornen. Egal, ob es sich um Neubauten handelt oder um Gebäude, die nachträglich in den Stand der Bausünde erhoben werden – in den Eigenheimsiedlungen unserer Städte ist die Bausünden-Kultur noch lebendig!

Das 1×1 der Bausünde

Bausünden sind besser als ihr Ruf! Lange waren sie verpönt und wurden missachtet. Sie galten als hässlich und austauschbar. Vollkommen zu Unrecht, denn Bausünde ist nicht gleich Bausünde! Sie unterscheiden sich massiv sowohl in ihrer Genese als auch in ihrer Qualität. Es lohnt sich daher, den Bausünden-Begriff ein wenig zu erweitern und zwischen guten und schlechten Bausünden zu differenzieren.

Gute Bausünden sprengen den Kontext. Sie tanzen aus der Reihe und zeugen nicht nur von Gestaltungswillen, Ambition und Mut, sondern besitzen häufig auch eine überraschende Bildqualität. Als Faustregel gilt: Je mehr Ablehnung, Unverständnis und Wut eine Bausünde im Betrachter auslöst, umso wahrscheinlicher ist es, dass es sich um eine gute Bausünde handelt!

Gute Bausünden sind wiedererkennbar. Sie heben sich aus dem Meer der städtebaulichen Banalitäten ab und sind häufig schon an den Kosenamen, die ihnen der Volksmund gegeben hat, identifizierbar. Bei genauerer Betrachtung entfalten diese »hässlichen Entlein« oftmals eine ganz ureigene Schönheit und einen eigenwilligen Charme.

Gute Bausünden sind rar. Sie sind fast so schwer zu finden wie gute Architektur. Aber nicht nur das: Vieles von dem, was heute in die Kategorie originelle Bausünde fällt, hat eine fließende Grenze zur guten

Architektur, da es in der Erbauungszeit bisweilen sogar als hervorragende Architektur gewertet wurde und nun schlicht aus der Mode gekommen ist. Gute Architektur ist im Übrigen auch ein zuverlässiger Indikator für die Anwesenheit guter Bausünden. Denn es braucht Ambition und Risikobereitschaft, um gute Architektur zu erzeugen, und dabei kann schon mal was schiefgehen.

Schlechte Bausünden sind das eigentliche Ärgernis. Im Gegensatz zu den guten Bausünden sind sie allgegenwärtig und verwandeln unsere Städte in einen uniformen Einheitsbrei. Während die guten Bausünden für alle leicht erkennbar sind, sind die schlechten Bausünden so penetrant langweilig und nichtssagend, dass es schwierig erscheint, im Einzelnen Anstoß an ihnen zu nehmen. Das Auge rutscht einfach ab!

Schlechte Bausünden sind austauschbar. Während gute Bausünden Unikate sind, die viel über ihre Bewohner – und im Innenstadtbereich auch über die jeweilige Stadt, in der sie zu finden sind – verraten, sind die schlechten Bausünden (in der Regel handelt es sich dabei um lieblose Investorenarchitekturen) an jeder beliebigen Ring- und Ausfallstraße zu finden.

Es ist nie zu spät! Jedes beliebige Gebäude lässt sich auch nachträglich noch in den Stand der Bausünde erheben, sei es durch Anbau, Umbau, Überformung, Dekoration oder Bemalung.

Die Bausünden unserer Innenstädte: Ein Lagebericht

Vereinzelt gibt es sie noch, die expressiven Gestaltungen in den Innenstädten, die von Ambition zeugen und etwas riskieren. Aber Beispiele wie das abenteuerlich gestaltete Hotel in Mainz oder die Wohnanlage in Tübingen mit ihren plastischen Treppentürmen sind inzwischen echte Raritäten geworden. Insbesondere im Wohnungsbau setzt die Bauindustrie gegenwärtig überall auf pseudo-neohistorische Fassadengestaltungen, die ein Instant-Ambiente frei Haus versprechen. Anleihen aus der Gründerzeitarchitektur werden dabei in der Regel mit einer Prise Art déco (das in Deutschland übrigens gar keine Tradition hat) verquirlt. Dass dabei tatsächlich mal eine gute, originelle Bausünde mit Bildqualität entsteht, ist eher unwahrscheinlich, aber wie die Berliner »Fellini Residences« beweisen, auch nicht unmöglich.

Sogar Parkhäuser, die lange Zeit als besonders freie Bauaufgabe ein Garant für ausgefallene Bausünden waren, fügen sich inzwischen immer stärker ein in das allgemeine Einerlei und sind nur noch selten fantasievolle Eyecatcher. Wenn überhaupt, finden sich Bausünden am ehesten noch in Form von kreativen Erdgeschoss- und Ladengestaltungen in den 2B- oder 2C-Lagen unserer Innenstädte. Beliebt ist seit vielen Jahren der vollständig geschlossene Erdgeschossbereich. Weitaus überzeugender ist es jedoch, wenn die Ladenzone eigenständig behandelt und im größtmöglichen Kontrast zum darüber befindlichen Gebäude gestaltet wird. Anregungen dazu kommen inzwischen auch aus der Kunst, wie die temporäre Gestaltung einer Galerie in Berlin-Charlottenburg zeigt, die dem grauen, entstuckten Gründerzeitbau zumindest für kurze Zeit echten Glamour verliehen hat.

BERLIN   Das Erfolgsgeheimnis der »Fellini Residences«: italienische Dolce Vita und ein Hauch von Las Vegas.

MAINZ Diese Hotelfassade liest sich wie eine Hommage an Antoni Gaudí.

Burgartige Wohnanlage mit zikkuratförmigen Treppentürmen. TÜBINGEN

FLENSBURG Wehrhafte Parkhaus-Festung.

Spieglein, Spieglein an der Wand – wer hat das schönste Auto im ganzen Land? WIESBADEN

REUTLINGEN Parkhaus mit eingebautem Auto-Schrein.

Von der Kunst lernen: Passt nicht geht immer! BERLIN

BAD WILDUNGEN Je größer der Kontrast zwischen Erdgeschosszone und restlichem Gebäude …

... und je stärker das Eigenleben der einzelnen Gebäudeteile, desto besser! SOLINGEN

GERA Potemkinsches Dorf.

Neue Mode: Gemalte Bausünden

Wenn in deutschen Innenstädten gegenwärtig doch noch Bausünden entstehen, dann sind sie oftmals bloß gemalt. Was zunächst allerorten mit einer dekorativen Aufwertung von Stromkästen und Trafohäusern begonnen hat, kommt inzwischen immer häufiger in der Architektur zur Anwendung. Es lassen sich damit unter anderem Plattenbauten wirkungsvoll aufwerten, Baufehler verschleiern oder Anbauten diskret angliedern.

Die gemalte Bausünde passt hervorragend in unsere schnelllebige Gesellschaft, in der sich niemand dauerhaft festlegen möchte. Ändert sich die Mode, lassen sich die Eingriffe mit ein paar Pinselstrichen verändern und dem sich wandelnden Zeitgeschmack anpassen.

BERLIN Mittels Illusionsmalerei lassen sich Baufehler kaschieren, die sonst kaum jemandem aufgefallen wären…

... und Plattenbauten barock nachverdichten. ERKNER

POTSDAM Eine nette Nachbarschaft kann gleich mit dazu erfunden werden.

Und auch Altbauten lassen sich auf diese Weise sensibel erweitern. MATTIGHOFEN (ÖSTERREICH)

Streetart vom Stadtrand: Schöner Wohnen in Bausünden

Während die originellen, fantasievollen Bausünden in den Innenstädten seit Jahren zurückgedrängt werden, stehen sie in den Einfamilienhausgebieten unserer Städte nach wie vor hoch im Kurs und verzeichnen starke Zuwachsraten. Da sie ausschließlich von privatem Engagement getragen werden und die Besitzer gelernt haben, gegebenenfalls auch kreativ mit Gestaltungssatzungen und sonstigen Vorgaben umzugehen, unterliegen sie eigenen Gesetzmäßigkeiten und Dynamiken. Zu den wichtigsten Erkenntnissen gehört: Eine Eigenheim-Bausünde kommt selten allein! Meistens genügt ein einzelner Impuls, ein einzelner Nachbar, der ausschert und gestalterisch Neuland betritt, um ein nachhaltiges Echo in der Umgebung auszulösen und zum Motor zu werden. Alles, was Bauindustrie, Bau- und Gartenmärkte zu bieten haben, wird genutzt, um die Bausünden der anderen zu beantworten, zu kommentieren, zu übertrumpfen oder um ganz einfach neben ihnen bestehen zu können. Nicht immer handelt es sich dabei um ein reines Wettrüsten. Bisweilen lassen sich auch eigensinnige Moden feststellen, die mit einem Mal in einem eng begrenzten Raum oder Straßenzug – und zwar nur hier – gehäuft auftreten. In dem Fall wurde ein Motiv dankend aufgegriffen und in der Nachbarschaft weiterentwickelt. Wer der Impulsgeber war, lässt sich dann rückwirkend kaum noch nachvollziehen.

Vieles spricht dafür, die Eigenheim-Bausünden als Streetart zu begreifen. Sie sind in der Regel liebevoll gemacht und zeichnen sich fast nie durch ein »Zuwenig«, sondern eher durch ein »Zuviel« aus. Anstelle des »Weniger ist mehr«, das für viele Architektenhäuser

OBERNBERG/INN (ÖSTERREICH) Bayerisches Barock meets Tausendundeine Nacht.

charakteristisch ist, tritt ein »Viel ist nicht genug«. Hinzu kommt, dass die meisten von ihnen eine Botschaft in den Außenraum tragen. Je abenteuerlicher und exzessiver die Gestaltung, desto wahrscheinlicher, dass sie gut einsehbar ist! Gartenzwerge, Skulpturenschmuck und andere Dekorationsmittel zeigen wie ein Kompass die Ausrichtung an. Sie kehren grundsätzlich dem Haus den Rücken und wenden sich dem Betrachter im Straßenraum zu. Daraus folgt: Gestaltet wird nicht für den Eigenbedarf, sondern für die anderen! Zwar hat sich auch im Privathaussektor die Bausünden-Produktion in den vergangenen Jahren verändert, die etablierten »klassischen Typen« haben jedoch weiterhin Bestand. Dazu gehören sowohl die Bausünden, die von vornherein konsequent als solche geplant worden sind, als auch diejenigen, die erst nachträglich in den Stand der Bausünde erhoben wurden.

Am einfachsten ist es sicherlich im Luxussegment, eine Bausünde zu gestalten – wenn Geld keine Rolle spielt und alles von Beginn an auf ein Gesamtkunstwerk mit starker Wirkung zugeschnitten werden kann. Da die Bauindustrie inzwischen auf den Zug aufgesprungen ist und für solvente Bauwillige kreative Lösungen von der Stange anbietet, sind die individuellen Fantasie-Ekstasen im Hochpreisbereich in den vergangenen Jahren zwar seltener geworden, es gibt sie aber noch!

Doch Eigenheim-Bausünden sind keineswegs nur dem größeren Geldbeutel vorbehalten und an Neubauten gekoppelt, sondern grundsätzlich gilt, dass auch jeder Bestandsbau zu jedem beliebigen Zeitpunkt mit einfachsten Mitteln zur Bausünde werden kann. Dabei muss es keineswegs immer der ganz große Eingriff, die komplette Überformung sein, sondern auch kleinere Interventionen – wie Anbau, Umbau, Ausbau oder Dekoration – können starke Wirkung haben, wenn sie im größtmöglichen Kontrast zum Ausgangsbau gestaltet werden oder überraschende Aspekte hinzufügen. Die Bau- und Gartenmärkte tragen maßgeblich zu einer lebendigen Bausünden-Kultur bei und bieten eine schier unendliche Fülle an Gestaltungsmitteln und Anregungen.

Die Renaissance der Renaissance. MICHENDORF

BERLIN Haltung ist alles.

Space-Age-Fachwerkbau. KARLSRUHE

GRÜNWALD Nachträglich überformt, überhöht…

... und veredelt. BERLIN

WAREN/MÜRITZ Klassische Überformung, bei der die Lesbarkeit des Ausgangsbaus bewusst erhalten wurde.

Klassische Überformung, bei der der Nachbar dafür sorgt, dass die Lesbarkeit des Ausgangsbaus erhalten bleibt. PADERBORN

GÖTTELBORN Schizohaus mit zwei Gesichtern.

Schizohäuser und Bungalows

Keine andere Baugattung ist so anfällig für exzessive Gestaltungen wie Reihenhäuser oder Doppelhaushälften. Die unmittelbare Nähe zum (ungeliebten) Nachbarn führt häufig zu starken Individualisierungsbestrebungen. So können Gebäudeteile, die unmittelbar miteinander verbunden sind, bis zur absoluten Unkenntlichkeit auseinander diffundieren. Sie werden zu Aushängeschildern der Baumarktketten, die die Vielfalt der erhältlichen Verkleidungen, Vordächer, Briefkästen, Treppengeländer, Leuchten, Dachziegel usw. anschaulich präsentieren. Von besonderer Bildqualität sind insbesondere die giebelständigen Schizohäuser mit ihren zwei unterschiedlichen Gesichtshälften.
Auch Bungalows erweisen sich seit vielen Jahren als bausündenaffin. Nicht nur das fehlende Satteldach ist eine Herausforderung, die nach Kompensation schreit, sondern auch die Introvertiertheit der meisten Anlagen, die sich kaum oder nur sehr sparsam nach außen öffnen.

BERLIN Jedes Mittel ist recht, um sich abzugrenzen.

Hauptsache anders. BERLIN

DORSTEN Besser als gar kein Dach!

Auch Schlosspark-Anleihen helfen. PFORZHEIM

Eigenheime mit Botschaft

Zu den Streetart-Klassikern gehören die Bausünden, die etwas über die Träume, Wohnwünsche oder Hobbys ihrer Bewohner verraten und diese in den öffentlichen Raum tragen. Sie zeigen, wo das Haus lieber stünde oder was es lieber wäre. Mit der perfekten Illusion wird das Leben in den Vorstädten von Berlin, Mönchengladbach, Siegen oder Heilbronn erträglicher. Aber nicht nur das: Durch das Aufrufen dieser mehr oder weniger exotischen Stereotypen lässt sich auch die eigene Weltläufigkeit hervorragend zum Ausdruck bringen, und ein Smalltalk-Thema für den unverfänglichen Nachbarschaftsplausch wird praktischerweise gleich mit serviert: »Haben Sie schwedische Vorfahren?« »Nein, wir verbringen nur seit 26 Jahren unsere Ferien dort! Aber Sie stammen sicherlich aus dem Schwarzwald, oder?«

Viele Modelle – wie das bayerische Landhaus »Typ Grunewald« oder die mediterrane Villa »Typ Toskana« – lassen sich inzwischen via Katalog ordern und schlüsselfertig anliefern. Für den kleineren Geldbeutel bieten die Baumärkte vielfältige Anregungen und Hilfestellungen.

Diese Südstaaten-Villa stünde lieber am Mississippi. HAMBURG

BAD SAAROW Wäre gern eine Ritterburg.

Wollte immer schon ein Fachwerkhaus sein. KÖRBISKRUG

BERLIN Wäre lieber eine Villa.

Sehnt sich nach einer Südstaaten-Plantage. FRANKFURT/MAIN

Regionale Unterschiede

Eigenheim-Bausünden dürften in jeder Stadt oder Kommune zu finden sein. Da sie ausschließlich vom privaten Gestaltungswillen und nicht von einer übergeordneten Bau(sünden)-Politik abhängig sind, kann angenommen werden, dass jede von ihnen – anders als die Innenstadt-Bausünden, die alle untrennbar mit ihrer Stadt verbunden sind – theoretisch auch an jedem anderen Ort stehen könnte. Dennoch lassen sich regionale Unterschiede ausmachen: In einigen Regionen Deutschlands werden Bausünden mit einem wahren Feuerwerk kreativer Lösungen beantwortet und fordern ihrerseits die ganze Nachbarschaft heraus. Es gibt aber auch Gegenden, in denen die Leute weniger gern aus der Reihe tanzen. Hier verpuffen einzelne Bausünden tendenziell und finden keine Nachahmer. Als überraschend aufgeschlossen gegenüber exzentrischen Gestaltungen haben sich wider Erwarten die unterkühlten Norddeutschen erwiesen, während sich Regionen, in denen eigentlich eine stärkere Bausünden-Affinität zu erwarten gewesen wäre, als zurückhaltender herausstellten. Wer in Baden-Württemberg von ähnlichen Bedingungen ausgeht wie im Saarland – beide Bundesländer sind als ausgesprochene Häuslebauer-Regionen bekannt –, für den ist die Enttäuschung vorprogrammiert. Während die Saarländer mit ihrem Faible für Baumärkte und ihrer Leidenschaft fürs Selbermachen ein wahres Bausünden-Eldorado geschaffen haben, zeigen sich die Baden-Württemberger tendenziell unbeeindruckt von den Exzessen ihrer Nachbarn. Punktuell gibt es dort Bausünden, sie bleiben aber in der Regel unbeantwortet. Und die Wahrscheinlichkeit ist groß, dass es sich bei diesen Ausreißern um »Neigschmeckte« handelt!

Stünde lieber im Wald. BERLIN

BERLIN Träumt von den Alpen.

Wünscht sich die Toskana herbei. SCHLOSS HOLTE-STUKENBROCK

MICHENDORF Zieht alle Register, um als Schloss durchzugehen.

Auch Hobby oder Beruf lassen sich als Botschaft in den öffentlichen Raum tragen. BERLIN

Der Bruch mit den Erwartungen

Um überzeugende Bausünden zu gestalten, die sich abheben und der eigenen Kreativität und Individualität Ausdruck verleihen, braucht es keineswegs immer die ganz große Vision. Mit ein bisschen Geschick können auch kleine Eingriffe schon große Wirkung erzielen, indem sie überraschen oder unkonventionelle Lösungen anbieten. Säulen sind beispielsweise seit 2500 Jahren eine tradierte Würdeformel, mit der sich Architektur adeln und aufwerten lässt. In der Bausünden-Produktion werden sie vor allem dann zu einem interessanten Gestaltungsmittel, wenn sie anders eingesetzt werden als erwartet: Wenn sie zum Beispiel nicht nur Villen, Tempel oder öffentliche Gebäude auszeichnen, sondern zur Dekoration von Schuppen und Garagen oder aber auch in anderer unvorhergesehener Weise verwendet werden. Wer sagt eigentlich, dass die Basis unbedingt immer unten sein muss?

Grundsätzlich kann jedes Element zum Träger und Ausgangspunkt einer Bausünden-Idee werden, wenn es ein gewisses Eigenleben entwickelt: Dämmungen, Fenster (nicht nur die Formate, auch die Setzung bietet Spielraum!), Dachformen und sogar die Sockelkachelungen können zum wirksamen Mittel für eine überraschende Neuausrichtung werden.

Säulen gehen immer! Im Zweifelsfall können sie auch mal einen Jalousiekasten tragen. LINDOW

BERLIN Dämmung als Chance für einen Neuanfang.

Das hat Rhythmus. METZINGEN

NEU-ULM Kühne Neuinterpretation des klassischen Krüppelwalmdachs.

Ausdrucksstarke Dächer bieten sich insbesondere für Häuser an, die von hohen Hecken oder Mauern umgeben werden. BERLIN

HAMM Auch eine sparsame Durchfensterung mit kreativer Setzung…

...kann zu einem überzeugenden Gestaltungselement werden. DESSAU

BERLIN Alles Gute kommt von oben.

Reizvoll kann es auch sein, der internen Diskussion um Flachdach oder Satteldach gestalterisch Ausdruck zu verleihen. LUDWIGSBURG

PADERBORN Warum nicht zeigen, dass…

...man sich die Entscheidung nicht leicht gemacht hat? BERLIN

ARNSBERG Alternativ bieten sich auch halbe Dachlösungen an – wahlweise oben offen…

...oder seitlich erweiterbar (Form follows function!). BERLIN

KIEL Ein Haus wie eine Sehstörung.

Auch traufständig ein Hingucker! KIEL

HAMBURG Fenster-Mikado.

Inspirationen aus der Kunst

Auch die Kunst vermag Anregungen zu geben, wenn es darum geht, Eingriffe zu schaffen, die ein echter Blickfang sind. Schon Friedensreich Hundertwasser hat sich in den 1950er-Jahren dafür eingesetzt, dass es jedem Einzelnen möglich sein sollte, gestalterisch aktiv zu werden. In seinem ›Verschimmelungsmanifest gegen den Rationalismus in der Architektur‹ von 1958 forderte er das sogenannte »Fensterrecht für jeden«. Es besagt, dass es Mietern gestattet sein sollte, sich aus dem Fenster zu beugen und das Umfeld nach eigenem Gusto zu bemalen, so weit der Pinsel reicht.

Wie so etwas aussehen könnte und dass sich diese programmatische Vorgehensweise auch dazu eignet, das Innere nach außen zu kehren und Hinweise auf die Raumnutzung hinter der Fassade zu geben, verdeutlicht das Berliner Beispiel auf der folgenden Doppelseite: Utensilien wie Teller, Tasse, Schöpfkelle und Löffel zeigen an, dass sich hinter diesem Fenster mit hoher Wahrscheinlichkeit die Küche befindet.

BERLIN So wird Architektur lesbar!

Wie wäre es mit Klobürste, Handtuchhalter und Zahnputzbecher als Dekoration für das Badezimmerfenster? BERLIN

Bausünden von der Stange

Inzwischen hat die Bauindustrie auf die erhöhte Nachfrage von Bausünden im Luxussegment reagiert und bietet modulare Systeme von der Stange, die sich den unterschiedlichsten Bedürfnissen und Wohnwünschen anpassen lassen. Die bezugsfertigen Instant-Lösungen eignen sich für all jene, die bei der Gestaltung ihrer Bausünde nichts dem Zufall überlassen wollen und nicht lange herumlaborieren möchten.

Besonderer Beliebtheit erfreuen sich die sogenannten Winkelhäuser mit einem zentralen Turm an der Schnittstelle der beiden Gebäudeflügel, aber auch die kompakteren Typen »Villa« und »Landhaus«, die sich wie die Winkelhäuser optional auch zum veritablen Schloss ausbauen lassen. Charakteristisch für alle drei Typen sind die Pseudo-Mansarddächer, die im Innern gar keine Dachschräge besitzen, Hochglanzdachziegel (die aktuelle Trendfarbe ist Violett!), Portikus-Motive mit Pfeilern oder Säulen (entweder in geschossübergreifender Kolossalordnung oder gestapelt, aus Stuck oder Marmor), Bogen- und Segmentbogenfenster (mit und ohne Sprossen in allen Variationen) sowie gedrungene Türmchen mit Fußwalm, die wirken, als trügen sie Röckchen. Je nach Ausstattung besitzen sie konvex und konkav ausschwingende Terrassen-, Balkon- und Treppenanlagen, die von barockisierenden Balustraden gerahmt werden. Letztere korrespondieren mit den zwar nicht obligatorischen, aber beliebten Etagenzierbrunnen vor dem Portal, die ebenfalls den jeweiligen Bedürfnissen entsprechend ausgewählt werden können.

Alle Gebäudetypen sind zudem in unterschiedlichen Ausführungen erhältlich – klassisch verputzt in Weiß-, Gelb- oder Rosétönen, als Klinkerhäuser oder im terrakottafarbenen Toskana-Look. Neben diesen Modellen hat sich in den letzten Jahren der kastenförmigere Typus der mediterranen Stadtvilla mit flachem Zeltdach herauskristallisiert – wahlweise klassisch mit stilisierten oder echten Säulen und/oder historisierender Eckverstärkung.

Hilfe und Orientierung bieten heute nicht mehr nur die Baumärkte, sondern auch die Bauindustrie. BERLIN

BERLIN »Typ Villa« – klassisch streng und betont zweigeschossig.

»Typ Landhaus« – mit tiefgezogenem Dach. BERLIN

HERDECKE »Typ Schlösschen«.

Doppelturm-Anlage. BAD SAAROW

BERLIN Mit klassischen Säulen …

... und Tempelmotiv-Variationen. BERLIN

BERLIN »Typ Mediterrane Stadtvilla« – mit Zeltdach, Eckverstärkung und pseudogemauertem Bogen.

»Typ Landhaus« – mit integriertem Observatorium. BAD SAAROW

BERLIN | MICHENDORF | FRANKFURT/MAIN

FRANKFURT/MAIN | BERLIN | SCHLOSS HOLTE-STUKENBROCK

Neue Tendenzen und Gestaltungstrends: Alles andere als Fassade!

Neben den Bausünden von der Stange lassen sich eine Reihe weiterer Instant-Tendenzen und neue Moden bei der Konzeption von Bausünden im Eigenheimsektor beobachten. So fällt auf, dass seit einigen Jahren der Trend weggeht von der Fassade hin zum Garten oder zu noch weiter vorgelagerten Elementen. Auch Zäune, Mauern und selbst Garagen können zum Träger einer Bausünden-Idee werden. Der Vorteil dieser Verlagerung ist, dass die Fassade dabei weitgehend unberührt bleibt, was sich insbesondere für Siedlungen mit Gestaltungssatzung eignet, in denen Eingriffe in die Architektur gesetzlich untersagt sind. Aber auch für Eigentümer, die sich nicht dauerhaft festlegen möchten, wie es bei einem Umbau oder einer Überformung beispielsweise der Fall wäre, und sich größtmögliche Flexibilität erhalten wollen, profitieren sehr von den neuen Gestaltungsmöglichkeiten. Es lassen sich auf diese Weise schneller Veränderungen herbeiführen, und es ist leichter, adäquat auf neue Moden zu reagieren.

Da sich sowohl eine Gartengestaltung als auch eine Ummauerung oder Umzäunung bei Bedarf zügig wieder in den Urzustand zurückversetzen lässt, kommt diese Methode insbesondere auch für Mieter infrage, die ihrer Individualität im Außenraum gebührend Ausdruck verleihen möchten. Viele der neuen Strategien und Eingriffe sind nicht nur auf Vorgärten beschränkt, sondern eignen sich auch zur individuellen Gestaltung von Balkonen und Loggien. So wird die Bausünden-Produktion nicht nur schnelllebiger, sondern auch demokratischer und gerechter. Wären die meisten der gegenwärtigen neuen Moden nicht so ökologisch fragwürdig, ließe es sich unbeschwerter jubeln: Nie war es einfacher, eine Bausünde zu gestalten!

Gepflastert und versiegelt

Selbstverständlich gab es lange schon Bausünden, die sich weniger über die Architektur als über die zugehörige Freiraumgestaltung definiert haben. Zu den sicherlich effizientesten und zugleich auch radikalsten Lösungen, die immer schon Aufmerksamkeit auf sich gezogen haben, gehören die gepflasterten Vorgärten. Sie zeichnen sich dadurch aus, dass sie übersichtlich sind, sich leicht unter Kontrolle halten lassen und ansprechend dekoriert werden können. Vor dem Hintergrund der neuen Entwicklungen erscheinen sie jedoch ein wenig »old-fashioned«, weil sie wenig Flexibilität suggerieren und sich nicht so einfach neuen Moden und Trends anpassen lassen. Auch sind sie in der Praxis nicht ganz so pflegeleicht, wie es auf den ersten Blick erscheint: Da keine hundertprozentige Versiegelung erreicht wird, können sich Flugsamen und Moose in den Pflasterfugen ansiedeln, sodass regelmäßige Gegenmaßnahmen erforderlich sind. Aber mit Giftkuren, Hochdruckreinigern oder Unkrautbrennern lässt sich dem lästigen Restgrün effizient zu Leibe rücken.

Der Bremshügel direkt hinter der Gartenpforte erzwingt Entschleunigung. NEUMÜNSTER

FLENSBURG Bloß nicht vom Weg abkommen!

Variationen in Stein mit selbst gebautem Etagenzierbrunnen. MÖNCHENGLADBACH

BERLIN Tierisch schön…

...und märchenhaft pflegeleicht. HAMM

Vorgärten

Zu den wichtigsten Trends gehört, dass der Vorgarten in den letzten Jahren mehr und mehr zum Träger der Bausünden-Idee geworden ist. Jägerzäune sind dabei zu Raritäten geworden und Gartenzwerge sind out. An ihre Stelle treten bevorzugt andere Figurenprogramme oder Mottogärten, die von fremden Welten und Kulturen künden.

Ebenfalls out: nahezu alle Formen von Grün – und infolgedessen auch Schmetterlinge, Bienen und sonstige Lebewesen. Anstelle der langsam wachsenden, pflegeintensiven Hecke ist vor Jahren schon die pflegeleichte und formschöne steinerne Gabione in Mode gekommen, die sich auch dekorativ einsetzen lässt und hervorragend mit dem Schottergarten korrespondiert, der seit einiger Zeit allerorten seinen ungebrochenen Siegeszug in den Eigenheimsiedlungen antritt.

In den Vorgärten, in denen nicht vollständig auf Pflanzen verzichtet werden soll, hat sich in den letzten Jahren der domestizierte, in Form geschnittene Buchsbaum bewährt – wahlweise in Spiral-, Kugel- oder Multikugelform. Wem es zu mühsam ist, diesen regelmäßig zu stutzen, kann der Einfachheit halber auf die künstliche Variante aus Plastik zurückgreifen, die auch erfolgreich dem letzten überlebenden Gartenschädling, dem Buchsbaumzünsler, zu trotzen vermag.

Gartenzwerge haben ausgedient. Die letzten Vertreter überleben derzeit zusammengerottet in Kolonien... TIEFGRABEN (ÖSTERREICH)

BERLIN | MAGDEBURG   ...manchmal auch auf Balkons und notfalls sogar auf Parkplätzen.

Nur sehr selten finden sich vereinzelte Exemplare, denen die Flucht nicht mehr rechtzeitig gelungen ist. BERLIN

BERLIN Anstelle der Gartenzwerge bevölkern nun merkwürdige Gestalten die Vorgärten.

Böschungssteine, Rohglas-Arrangements und auch Monumentales stehen hoch im Kurs. KAISERSLAUTERN | BERLIN | KREFELD

BERLIN | WAREN/MÜRITZ Buchsbäume in allen künstlichen und natürlichen Variationen – im Schottergarten, auf dem Balkon...

...oder bei Bedarf auch gartenfüllend. WIESBADEN

MAINZ Die immer formschöne Gabione ersetzt langsam wachsende, pflegeintensive Hecken...

... und ist garantiert blickdicht. KELLNDORF

REGEN | KIEL Auch Schmuckgabionen sind äußerst gefragt ...

...und eignen sich insbesondere für Schottergärten und/oder im Zusammenspiel mit getrimmtem Buchsbaum. KARLSRUHE

INGOLSTADT Top-Trend: künstliche Ruine.

Ruinenromantik und andere Mottogärten

Besonders großen Anklang finden bei Heimwerkern derzeit Mottogärten, die sich einer bestimmten Idee, Zeit oder Kultur verpflichten und als miniaturisierte Themenparks von der Weltgewandtheit ihrer Besitzer zeugen. Zu den angesagtesten Motiven gehört die Ruinenromantik, die ihre Wurzeln in den Englischen Gärten des 17. Jahrhunderts hat. Aber auch französische Mottogärten mit ornamentalen Buchsbaum-Parterres oder fernöstliche Gestaltungen haben Hochkonjunktur.

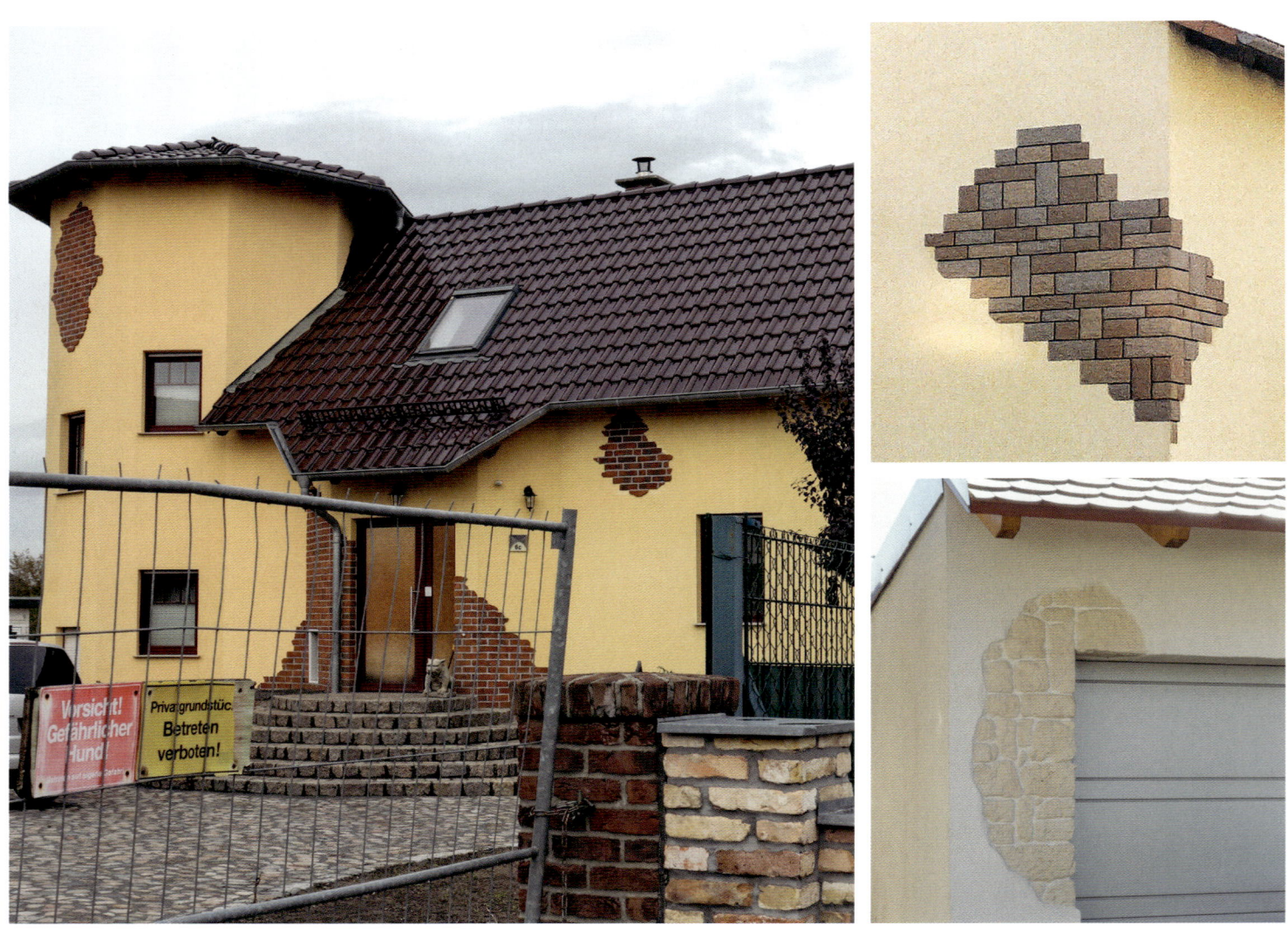

GERMENDORF | GÖTTELBORN | FREIBURG Dekorative Putzschäden an der Fassade sind genauso en vogue ...

... wie ruinöse Gartenmauern. CAPUTH

BAD FÜSSING | KELLNDORF Künstliche Ruinen möblieren die Vorgärten – wahlweise gotisierend oder im klassischen Rundbogenstil.

Im französischen Mottogarten vermitteln ornamentale Buchsbaum-Parterres zwischen Architektur und Umgebung. DORSTEN

BERLIN Klassisch inspirierter Mottogarten »Italienische Renaissance« ...

...mit passend gestalteter Auffahrt: Alles ist im Fluss. BERLIN

VOCKERODE China meets Stonehenge.

Fernöstlicher Meditationsvorgarten. WÖRLITZ

MÖNCHENGLADBACH Haustierfriedhof.

Schottergärten

Kein Gestaltungselement erfreut sich derzeit größerer Beliebtheit als der Schottergarten. Da sich bereits ganze Siedlungen und Stadtrandzonen flächendeckend in Wüsten- und Geröllandschaften verwandelt haben, sah sich die Politik in einigen Bundesländern, Städten und Kommunen bereits gezwungen, der Mode einen gesetzlichen Riegel vorzuschieben. Aber derzeit existieren sie vielerorts noch in allen erdenklichen Graduierungen, Farbnuancen und Gestaltungsspielräumen von nüchtern-schlicht bis opulent-aufwendig. Schottergärten eignen sich für symmetrische wie auch organische Kompositionen und haben den Vorteil, dass sie sofort fertig und wenig pflegebedürftig sind.

Anders als der gepflasterte Vorgarten ist der Schottergarten voll versiegelt, da er durch eine wasserundurchlässige Folie geschützt ist. Er lässt sich außerdem schneller umdekorieren als sein gepflasterter Verwandter, sodass zeitnah und unkompliziert auf neue Moden und Trends reagiert werden kann. Zudem ist der Schottergarten ein ultimatives Argument pro Laubbläser – zumindest solange die Nachbarn ihre Gärten noch nicht in den Griff bekommen haben und Laub unkontrolliert in der Gegend herumfliegt. Während dem gepflasterten Vorgarten gut mit einem herkömmlichen Besen beizukommen ist, ist der Laubbläser für Schottergärtner ein Muss!

LINDOW   Von grob- ...

...bis feinkörnig. MÖNCHENGLADBACH

MÖNCHENGLADBACH Von schlicht und aufgeräumt...

...bis aufwendig gestaltet. HAMM

DESSAU Unendlich schön…

...auch mit floralen Elementen! KIEL

ESSEN Das Schotterbeet lässt sich hervorragend mit einem gepflasterten Vorgarten kombinieren.

Gleiches gilt für Schotterhochbeete. HAMBURG

Garagen

Auch Besitzer von sehr großen Anwesen oder Grundstücken in Hanglage, bei denen kein klassischer Vorgarten existiert und die eigentliche Architektur so weit in den Hintergrund rückt, dass nichts oder wenig davon zu sehen wäre, müssen heute nicht mehr zwangsläufig darauf verzichten, gestalterisch mit dem Außenraum zu kommunizieren. Sie haben die Möglichkeit, ihre Garage dergestalt zu inszenieren, dass sie mit anderen Bausünden ganz mühelos mithalten kann und zu einem eigenständigen Element mit Bildqualität wird.

Aber auch in übersichtlicheren Kontexten kann es sinnvoll sein, der Garage, als ein der Wohnarchitektur durchaus ebenbürtiges Element, zu mehr Aufmerksamkeit zu verhelfen, wenn es zum Beispiel darum geht, den Stellenwert des Autos gut sichtbar nach außen zu präsentieren.

Hier bieten sich neben allgemeinen sakralen Anleihen insbesondere auch klassische Säulen an, die in der griechischen Antike im Kontext des Tempelbaus entstanden sind. Die Parallelen zwischen den beiden Bauaufgaben sind evident. Denn ähnlich wie die Garage heute, war der architektonische Kern des griechischen Tempels, der das Kultbild beherbergte, nichts anderes als eine ungestaltete, fensterlose rechteckige Box, die erst durch die Säulen aufgewertet wurde.

Neolithische Feldstein-Garage. WIESBADEN

GRÜNWALD Gelsenkirchener Barock in Bayern.

»Blühendes Barock«. LUDWIGSBURG

WIESBADEN Das Erfolgsmodell der klassischen Säule…

...eignet sich natürlich auch für die Aufwertung des Auto-Schreins. FRANKFURT/MAIN

GRÜNWALD Autogerechtes Wohnen.

Sakrales Parken. HEILBRONN

Mauern und Zäune

Wer sich nicht direkt exponieren möchte und sein Privatleben lieber abschottet, muss keineswegs auf eine expressive Bausünde verzichten. Wenn weder der Vorgarten noch die Garage als Kommunikationsmittel infrage kommen, kann diese Aufgabe alternativ auch vom Zaun oder der Gartenmauer übernommen werden. Dem Gestaltungswillen sind hier im Prinzip keine Grenzen gesetzt, da Mauer und Zaun ideale Projektionsflächen für kreative Äußerungen jedweder Art sein können.

Für all jene, die sich eine Zaun- oder Mauergestaltung in Eigenregie nicht zutrauen oder aus anderen Gründen auf Nummer sicher gehen wollen, bieten die Bau- und Gartenmärkte inzwischen überzeugende Lösungen an. Beliebt sind die modular kombinierbaren und unverwüstlichen Betonformsteine, die tradierte Zauntypen oder Steinmauern in allen erdenklichen Varianten zitieren. Bei Bedarf eignen sie sich auch dazu, dem ungeliebten Nachbarn mit der weniger attraktiven Rückseite eins auszuwischen.

La Ola! BERLIN

HÖLLERSBERG (ÖSTERREICH) Eine aufregende Mauer kann erfolgreich von der eigentlichen Architektur ablenken.

Aufgeforstet. BERLIN

BERLIN Manche Zäune oder Mauern wirken verwegen-geheimnisvoll oder martialisch-säbelrasselnd.

Andere sind passend zur Wohnzimmerschrankwand in Eiche-Furnier gehalten. BERLIN

MEERBUSCH Was nicht passt, wird passend gemacht.

Modular kombinierbarer Sichtschutzzaun aus Beton. DORSTEN

BERLIN Außen hui …

...zum Nachbarn pfui. BERLIN

Fototapeten

Zu den neusten Gestaltungstrends auf dem Bausünden-Markt gehören Fototapeten – entweder als Gartenposter oder als praktische Doppelstabmatten-Motivzäune. Sie eignen sich für alle, die sich ein Maximum an Wirkung und Flexibilität bei minimalem Zeitaufwand wünschen.

Nie war instant schneller und einfacher als heute! Wer auf Grün nicht verzichten möchte, aber keine Wartezeiten für das jahrelange Anwachsen der Pflanzen und die intensive Pflege in Kauf nehmen möchte, fädelt sich – eins, zwei, drei – einfach ein Motiv nach Wahl in den Doppelstabmattenzaun und fertig ist die Hecke! Wer stattdessen lieber passend zu seinem Schottergarten eine Gabionenoptik bevorzugt, dem stehen – ganz ohne Steineschleppen – ebenfalls verschiedene Variationen zur Verfügung.

Für alle, die weiterhin zumindest optisch auf natürliche Materialien setzen möchten, bietet sich der witterungsbeständige bedruckte Kunststoff in Holz-, Weiden- oder Bambus-Optik an, der (im Gegensatz zu seinen Druckvorlagen) garantiert eine jahrhundertelange Halbwertszeit hat.

Fototapetenzäune lassen keine Wünsche offen! BERLIN

MÖNCHENGLADBACH | MICHENDORF Wahlweise erhältlich in Buche, Thuja, Kirschlorbeer ...

...Buchsbaum (lässt sich wunderbar zuschneiden!) oder Japanische Aukube. WAREN/MÜRITZ | MICHENDORF

KARLSRUHE | KLEINSTEINBACH Auch verfügbar als Fake-Gabione …

...oder als Ziegel-, Bambus-, Flecht- oder Holz-Imitat. MICHENDORF | LUCKENWALDE | FALKENSEE

BERLIN Ebenfalls geeignet als Balkonbegrünung…

...oder als Ersatz für Waschbeton. WAREN/MÜRITZ

BAD GOISERN (ÖSTERREICH) Nie wieder Holz hacken, dem Gartenposter sei Dank!

Mülltonnen-Camouflage. EPPSTEIN

Tipps für Bauherren

1. Sei mutig!
2. Zeig, was du hast!
3. Überrasche deine Mitmenschen!
4. Bau deine Bausünde nicht für dich, sondern für die anderen!
5. Sei deinen Nachbarn immer einen Schritt voraus. Sie werden es dir danken!
6. Alles kann zur Bausünde werden!
7. Viel ist nicht genug!
8. Auch kleine Eingriffe können große Wirkung erzielen!
9. Passt nicht geht immer!
10. Vergib deinen Nachbarn!

Ich danke dem gesamten DuMont-Team, das für die Buchproduktion und alles, was danach kommt, verantwortlich ist. Die Zusammenarbeit ist auf allen Ebenen eine unglaubliche Freude. Birgit Haermeyer und Andreas Rupprecht danke ich für die Gestaltung des Covers und die Entwicklung des Layouts. Ich weiß, welche Herausforderung mein Bildmaterial für Grafiker darstellt! Mein ganz besonderer Dank aber gilt Vera Maas, ohne die das Buch niemals so geworden wäre, wie es ist. Sie hat das Projekt mit Begeisterung und Engagement gesteuert, mitgedacht – und so lange nachgehakt, bis alles zusammenpasste.

Dr. Turit Fröbe ist Architekturhistorikerin, Urbanistin und passionierte Baukulturvermittlerin, wie sie mit ihrem Bestimmungsbuch für moderne Architektur ›Alles nur Fassade?‹ (DuMont 2018) bewiesen hat. Seit 2001 beschäftigt sie sich mit dem Thema Bausünden. Mit ihrem Bestseller ›Die Kunst der Bausünde‹ (Neuausgabe DuMont 2020) ist es ihr auf humorvolle Weise gelungen, eine Lanze für die Bausünde zu brechen, viele Menschen zum Umdenken zu bewegen und die vermeintlich hässliche Architektur zu rehabilitieren.

176 Seiten
500 farbige Abbildungen
ISBN 978-3-8321-9947-0

»Ein toller Führer für die Erkundung der eigenen Stadt«
STERN

Jugendstil, Expressionismus, High-Tech oder Postmoderne? Fünfziger-, Siebziger- oder doch eher Achtzigerjahre? Wie lassen sich Gebäude stilistisch einordnen und was verraten sie über ihr Alter? Turit Fröbe zeigt, dass es ganz einfach ist, Architektur zu bestimmen – wenn man weiß, wo man hinsehen muss und was für die einzelnen Stile charakteristisch ist. In ›Alles nur Fassade?‹ legt sie alle Kriterien offen, die sie zur Einordnung heranzieht, und macht so die gebaute Umgebung lesbar. Ein perfekter Begleiter für jeden Stadtspaziergang!

184 Seiten
150 farbige Abbildungen
ISBN 978-3-8321-9986-9

»So schrecklich schön sind Deutschlands Bausünden.«
WELT

Bau-GAU? Architektonische Katastrophe? Visuelle Umweltverschmutzung? Dieses Buch zeigt: Je schrecklicher, desto besser. Bausünden sind viel zu schade für die Abrissbirne. Sie sind charmant oder schauderhaft schön und Monumente individuellen Gestaltungswillens. Sie zeigen Mut, greifen daneben und sprengen den Kontext. Ein flammendes Plädoyer!

»Ein sehr empfehlenswertes, lehrreiches und hochkomisches Buch.« TITANIC

Zweite Auflage 2021
© 2021 DuMont Buchverlag, Köln
Alle Rechte vorbehalten

Konzeption, Text und Fotos: Turit Fröbe
Gestaltung und Satz: Andreas Rupprecht
Umschlag: Birgit Haermeyer
Reproduktion: PPP Pre Print Partner GmbH & Co. KG, Köln
Druck und Verarbeitung: Print Consult GmbH, München

Printed in Slovakia
ISBN 978-3-8321-9992-0

www.dumont-buchverlag.de

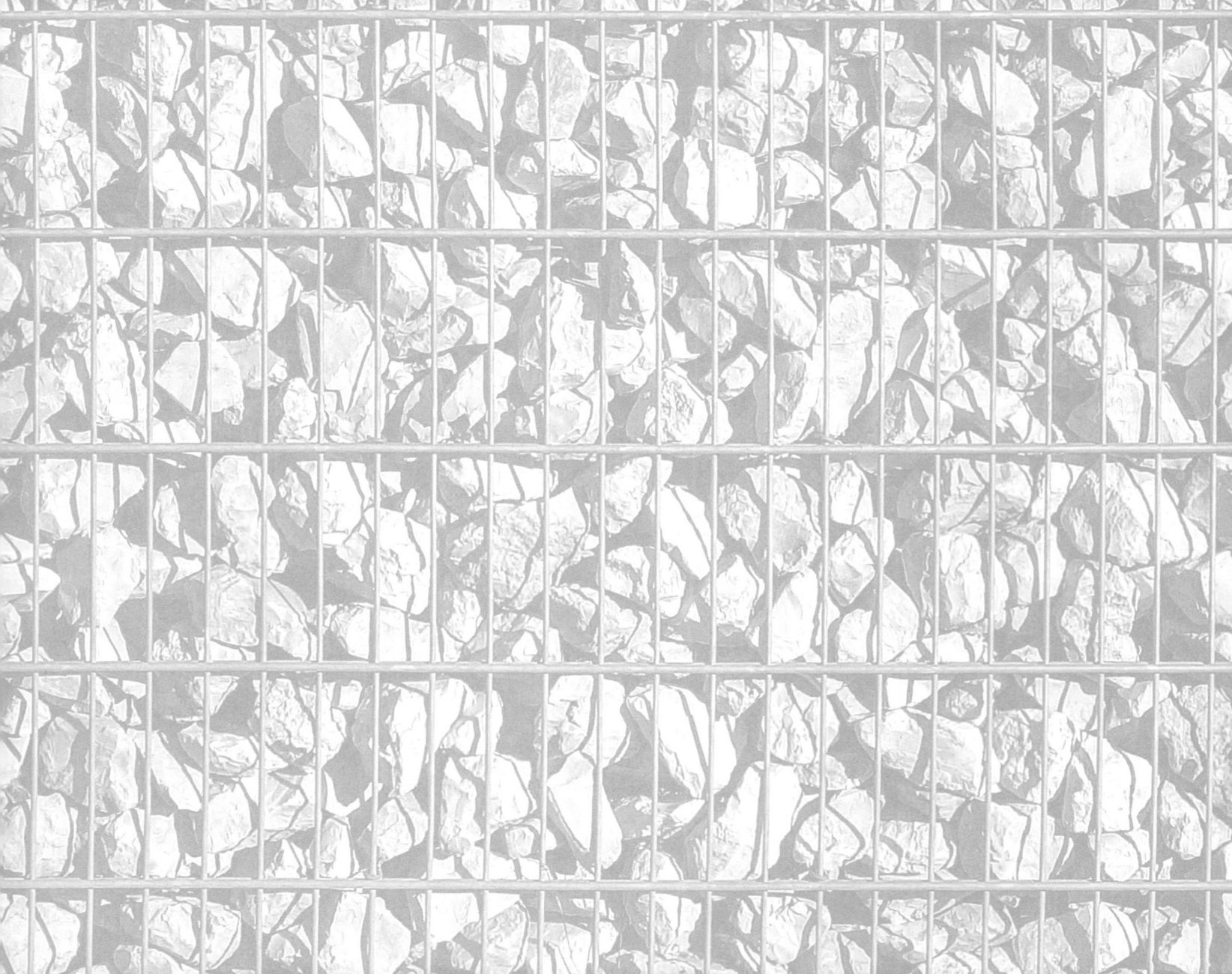